# NONNO RACCONTAMI LA TUA STORIA

Pubblicato da Midsummer Bloom Books
1621 Central Ave, Cheyenne, WY 82001, Stati Uniti

Prima edizione: Giugno 2025
Stampato negli Stati Uniti d'America

# Indice

# La tua storia inizia qui

Ti ricordi quei momenti speciali, nonno? A volte succedevano sulla tua poltrona preferita, oppure mentre passeggiavi nel tuo giardino, o magari durante quelle cene in famiglia, quando qualcosa faceva riaffiorare un ricordo lontano. Poteva essere una foto in bianco e nero, una vecchia canzone alla radio o persino il profumo del pane appena sfornato che ti riportava indietro. Ogni volta che quei ricordi emergevano, ci avvicinavamo tutti, affamati di ascoltarne di più.

Ecco di cosa parla questo libro. Perché dietro al nostro amato nonno – quello che ci vizia con dolci e saggezza in egual misura – c'è tutta una vita di avventure di cui abbiamo solo intravisto qualche frammento. Non solo i capitoli sul tuo essere nonno, ma le vere storie – di com'era crescere in un'altra epoca, di com'era il mondo, di sogni realizzati e lasciati indietro.

Ogni pagina qui è solo un inizio. Un invito gentile a tornare indietro nel tempo, al bambino che giocava a biglie per strada, al giovane che ha affrontato momenti storici, al padre che ha cresciuto la sua famiglia quando il mondo era così diverso da oggi. Questi non sono solo i tuoi ricordi – sono la nostra eredità, le nostre radici, il nostro tesoro.

Prenditi il tuo tempo con queste pagine. Magari le storie riaffioreranno durante il tuo caffè mattutino, o mentre guardi il tramonto dalla veranda, o in quei tranquilli pomeriggi quando i ricordi tendono a farsi vivi. Non c'è fretta – la tua saggezza conosce il valore di fare le cose con calma.

Ecco cosa vogliamo dirti, nonno – quando condividi le tue storie, che siano racconti di trionfi o lezioni apprese con fatica, stai trasmettendo qualcosa di più prezioso di qualsiasi eredità. Le tue esperienze uniscono le generazioni, collegandoci a tempi e luoghi che possiamo solo immaginare attraverso i tuoi occhi.

Quindi, mettiti comodo nel tuo posto preferito. Magari con quelle caramelle che tieni sempre a portata di mano, o con quella bevanda calda che aiuta i ricordi a scorrere. Lascia che la tua memoria torni indietro attraverso i decenni che hai vissuto e la vita che hai costruito.

Le tue storie contano, nonno. Non sono solo ricordi – sono i fili che tessono l'arazzo della nostra famiglia. E noi siamo qui, pronti ad ascoltare e a portare avanti le tue storie.

## Come usare questo libro

Questa è la tua storia – non ci sono scadenze da rispettare, né regole da seguire. Scegli una domanda che risvegli un ricordo e inizia a scrivere. Salta da una pagina all'altra, torna indietro più tardi o soffermati sui momenti che contano di più per te.

Ricorda, queste domande sono solo porte che si aprono sui tuoi ricordi. Le tue risposte potrebbero portarti verso percorsi inaspettati, ed è perfettamente normale. Questo libro non riguarda la scrittura perfetta – si tratta di catturare il tuo viaggio unico con la tua voce.

Il tempo ha dipinto d'argento i tuoi capelli,

anni di storie raccolte con cura,

dal bambino scalzo all'uomo fiero,

attraverso cambiamenti profondi e oceani lontani.

La tua vita è un libro di lezioni apprese,

di ponti costruiti e saggezza guadagnata.

Raccontaci, nonno, dei giorni passati,

dei sogni che ti hanno fatto toccare il cielo.

# 1

# Giorni a Piedi Nudi

*Ogni vita inizia con meraviglia. Raccontaci delle tue prime avventure – un'infanzia piena della magia della giovinezza, di scoperte e di senso di appartenenza.*

# La Casa di Famiglia

*Ripensa alla casa in cui sei cresciuto – un luogo pieno di ricordi. Ogni angolo di quell'edificio conserva storie che hanno contribuito a formarti. Cosa rendeva speciale il posto che chiamavi casa?*

1. Com'era la tua casa d'infanzia e quale stanza era la tua preferita?

2. Quali suoni e profumi ricordi di più della tua casa?

3. Com'era il quartiere intorno alla tua casa?

# Amici d'Infanzia

*Prima che la tecnologia riempisse il tempo libero, i bambini inventavano i propri divertimenti. Pensa agli amici che hanno condiviso le tue prime avventure e alle semplici gioie del giocare insieme. Chi erano i compagni importanti della tua infanzia?*

1. Chi era il tuo migliore amico crescendo e cosa lo rendeva speciale?

2. A quali giochi giocavi con i bambini del quartiere?

3. Qual era il tuo posto preferito per stare con gli amici e perché?

# Giorni di Scuola

*La classe è stato il luogo in cui hai passato gran parte della tua gio-*
*vinezza. Alcune lezioni venivano dai libri, altre nei corridoi e nei*
*cortili della scuola. Come ricordi la tua prima educazione?*

1. Com'era la tua scuola elementare e come ci andavi ogni giorno?

2. Chi era il tuo insegnante preferito e cosa lo rendeva speciale?

3. Cosa portavi di solito per pranzo e chi erano i tuoi compagni di pranzo?

# Aiutare in Casa

*Da bambino, hai imparato il senso di responsabilità aiutando in casa. Questi piccoli compiti ti hanno insegnato abilità preziose e mostrato come anche le mani più giovani potessero contribuire alla vita familiare. Qual era il tuo ruolo nel far andare avanti la casa?*

1. Di quali faccende regolari eri responsabile da bambino?

2. Quale faccenda ti piaceva di meno e quale ti piaceva di più?

3. Cosa succedeva se dimenticavi di fare le tue faccende?

# Pasti in Famiglia

*Sedersi intorno al tavolo non era solo per mangiare. Questi momenti quotidiani riunivano la famiglia per condividere storie e connettersi gli uni con gli altri. Com'erano i pasti in famiglia a casa tua?*

1. A che ora di solito cenavate in famiglia e chi preparava il pasto?

2. Qual era il tuo piatto preferito cucinato da tua madre o tuo padre?

3. Di cosa parlavate o quali storie condividevate durante la cena?

# Celebrazioni Speciali

*Le feste e le celebrazioni creavano momenti memorabili durante l'anno della tua infanzia. Questi eventi speciali aiutavano a creare tradizioni familiari e ricordi duraturi. Come celebrava la tua famiglia i giorni importanti?*

1. Come festeggiavate il tuo compleanno quando eri piccolo?

2. Com'era il mattino di Natale (o di un'altra grande festa) nella tua casa?

3. Quale celebrazione della tua infanzia ricordi di più e perché?

# Marachelle d'Infanzia

*Non tutte le esperienze dell'infanzia erano lisce come l'olio. A volte, le migliori lezioni derivavano dagli errori, dalle avventure sbagliate o dal mettere alla prova i limiti. Quali pasticci memorabili ti hanno insegnato lezioni importanti?*

1. Qual è stata la cosa più birichina che hai fatto da bambino?

2. Hai mai rotto o danneggiato qualcosa di importante? Cosa è successo dopo?

3. Come ti punivano di solito i tuoi genitori quando ti comportavi male?

# Amici a Quattro Zampe

*Gli animali della tua infanzia offrivano compagnia e ti insegnavano il senso di responsabilità. Questi rapporti speciali creavano legami e ricordi che spesso durano una vita. Quali animali hanno fatto parte dei tuoi primi anni?*

1. Qual è stato il tuo primo animale domestico e come è entrato nella tua famiglia?

2. Di quali responsabilità ti occupavi per prenderti cura del tuo animale?

3. Come trascorrevi il tempo con il tuo animale domestico?

# Libertà d'Estate

*Ripensa a quei giorni estivi spensierati della tua infanzia. Quando la scuola era finita, come trascorrevi quelle lunghe giornate di sole? Raccontaci dei luoghi speciali, delle attività e dei piaceri che rendevano magica l'estate per te.*

1. Come passavi la maggior parte delle giornate estive durante la tua infanzia?

2. La tua famiglia faceva vacanze? Dove andavate?

3. Quali cibi e dolci estivi ricordi con più piacere?

# Crescere con i Fratelli

*Fratelli e sorelle possono essere i tuoi più grandi rivali ma anche i tuoi più leali difensori. Com'è stato condividere la tua infanzia con loro? Rifletti sul legame speciale che hai formato tra giochi, litigi e momenti di unità.*

1. Quali giochi facevi con i tuoi fratelli che i tuoi genitori non sapevano?

2. Come dividevate gli spazi in casa tra te e i tuoi fratelli?

3. Qual è stato il litigio più grande che ricordi con un fratello e come vi siete riappacificati?

# Saggezza dagli Anziani

*I tuoi nonni ti collegavano alla storia e alle tradizioni della famiglia. Quali ricordi speciali hai del tempo trascorso con loro? Pensa alle abilità, alle storie e alla saggezza che hanno condiviso e che ancora oggi ti influenzano.*

1. Quali abilità o hobby ti hanno insegnato i tuoi nonni?

2. Quali storie raccontavano sulla loro infanzia?

3. C'è un detto o un consiglio dei tuoi nonni che ti è rimasto impresso?

# 2

# Crescere Forte

*Tra l'infanzia e l'età adulta c'è un periodo di trasfor-*
*mazione. Raccontaci di come hai trovato te stesso, messo*
*alla prova i limiti e sei diventato l'uomo che sei oggi.*

# Diventare Adolescente

*Gli anni dell'adolescenza portano cambiamenti emozionanti e nuove sfide. Come hai affrontato questo periodo tra infanzia ed età adulta? Rifletti su come hai iniziato a sviluppare la tua identità durante questi anni di trasformazione.*

1. Come è cambiato il tuo rapporto con i tuoi genitori in questi anni?

2. Quali nuove responsabilità sono arrivate con l'adolescenza?

3. Chi ti ha ispirato o influenzato di più da adolescente?

# Gli Anni del Liceo

*Il liceo rappresenta un capitolo importante nella vita di molte per-*
*sone. Cosa ricordi di più dei tuoi anni scolastici? Pensa alle lezioni,*
*agli insegnanti e alle esperienze sociali che hanno plasmato il tuo*
*mondo da adolescente.*

1. Com'era il tuo liceo e quali materie ti affascinavano di più?

2. Chi era il tuo insegnante preferito e cosa rendeva la sua classe speciale?

3. Com'era la tua vita sociale durante il liceo?

# Mettere alla Prova i Limiti

*La maggior parte degli adolescenti sfida naturalmente le regole e le aspettative. In che modo hai testato i confini o affermato la tua indipendenza? Raccontaci come queste esperienze ti hanno insegnato le conseguenze e aiutato a definire i tuoi valori.*

1. Ti è mai capitato di sgattaiolare fuori di casa di notte? Dove andavi?

2. Quale regola hai infranto che ti ha messo più nei guai?

3. Come reagivano i tuoi genitori quando sfidavi i limiti?

# Il Campo di Gioco

*Le attività fisiche e gli hobby spesso diventano importanti durante l'adolescenza. Quali attività hanno catturato il tuo interesse e la tua energia? Pensa a come questi passatempi ti hanno aiutato a sviluppare abilità e fiducia in te stesso.*

1. Quali sport o attività ti appassionavano di più da adolescente?

2. Quali abilità hai imparato da questi hobby, oltre all'attività stessa?

3. Hai vinto qualche competizione o premio? Com'è stata quell'esperienza?

# Decisioni Importanti

*Gli anni dell'adolescenza comportano scelte che possono influenzare il futuro. Quali decisioni significative hai affrontato in questo periodo? Rifletti su come hai gestito questi momenti e cosa hai imparato dalle tue scelte.*

1. Qual è stata la prima decisione importante che hai preso autonomamente da adolescente?

2. Come hai deciso cosa fare dopo il liceo?

3. Quale grande acquisto hai risparmiato per fare e come hai guadagnato i soldi?

# Mentori Significativi

*Gli adulti al di fuori della famiglia spesso offrono una guida unica durante l'adolescenza. Chi ha contribuito a plasmare il tuo percorso in questo momento formativo? Pensa alle persone speciali che hanno visto il tuo potenziale e ti hanno aiutato a sviluppare abilità o prospettive importanti.*

1. Chi è stato il tuo mentore più influente durante l'adolescenza?

2. Quali lezioni o abilità specifiche ti ha insegnato questa persona?

3. Come hai conosciuto questo mentore e perché vi siete connessi?

# Le Prime Storie d'Amore

*Le relazioni iniziali portano emozioni nuove ed entusiasmanti, oltre a importanti lezioni di vita. Cosa ricordi delle tue prime esperienze romantiche? Rifletti su quei primi legami che ti hanno insegnato cosa significa prendersi cura di qualcuno.*

1. Chi è stata la tua prima cotta o fidanzata seria e come vi siete conosciuti?

2. Cosa avete fatto al tuo primo vero appuntamento?

3. Come hai affrontato il tuo primo cuore spezzato?

# Legami d'Amicizia

*Gli amici che scegliamo da adolescenti spesso diventano testimoni della nostra crescita e dei nostri cambiamenti. Chi ti è stato accanto durante questi anni formativi? Pensa a come queste relazioni hanno influenzato chi sei diventato e ai ricordi che avete creato insieme.*

1. Chi erano i tuoi amici più stretti durante l'adolescenza?

2. Quali avventure o disavventure avete vissuto insieme?

3. Sei ancora in contatto con qualcuno dei tuoi amici di allora?

# Crescere in Indipendenza

*Guadagnare mobilità e libertà segna una tappa importante nella vita di un adolescente. Come hai vissuto i tuoi primi assaggi di indipendenza? Raccontaci l'emozione e la responsabilità che hai provato potendo muoverti da solo.*

1. Quando e come hai imparato a guidare?

2. Dove sei andato nella tua prima avventura da solo lontano da casa?

3. Qual è stata la tua prima macchina e come l'hai ottenuta?

# Imparare dagli Errori

*Gli adolescenti imparano spesso lezioni preziose da errori e decisioni sbagliate. Quali esperienze difficili ti hanno insegnato importanti lezioni di vita? Pensa a come questi momenti hanno plasmato la tua comprensione delle conseguenze e della responsabilità.*

1. Qual è stato il guaio più serio in cui ti sei cacciato da adolescente?

2. Come hanno reagito i tuoi genitori o altri adulti ai tuoi errori?

3. Quali lezioni pratiche hai imparato dai tuoi errori più grandi?

# Sogni da Adolescente

*Le menti giovani sono piene di ambizione e visione per il futuro. Quali speranze e sogni ti motivavano durante l'adolescenza? Rifletti sulle aspirazioni che hanno guidato le tue scelte e formato il tuo senso dello scopo.*

1. Quali erano i tuoi sogni e ambizioni più grandi da adolescente?

2. Chi o cosa ha ispirato queste aspirazioni?

3. Quali passi concreti hai fatto per realizzare questi sogni?

# 3

# Trovare la Strada

*Prima della famiglia e di una vita stabile, c'è stato il tuo viaggio di scoperta personale. Raccontaci come la determinazione, il duro lavoro e le prime sfide della vita ti hanno formato.*

# Lasciare il Nido

*Iniziare da solo è sia emozionante che impegnativo. Com'è stato quando hai conquistato l'indipendenza dalla casa di famiglia? Ripensa a quei primi giorni in cui hai iniziato a capire la vita adulta secondo i tuoi termini.*

1. Qual è stata la tua prima esperienza di vera indipendenza?

2. Qual è stata la sorpresa più grande nel vivere da solo per la prima volta?

3. Quali abilità pratiche avresti voluto imparare prima di andare via di casa?

# Il Primo Vero Lavoro

*Guadagnarsi da vivere segna una tappa importante nell'età adulta. Cosa ricordi dell'inizio della tua carriera lavorativa? Pensa a come quel primo stipendio e quell'esperienza lavorativa ti hanno fatto capire il valore del lavoro e della responsabilità.*

1. Qual è stato il tuo primo vero lavoro e come sei stato assunto?

2. Quanto era il tuo primo stipendio e cosa hai fatto con quei soldi?

3. Com'era una giornata tipo nel tuo primo lavoro?

# Superare gli Ostacoli

*Non tutto va secondo i piani quando inizi a vivere da solo. Quali sfide significative hai affrontato nei tuoi primi anni da adulto? Ripensa a come hai gestito le delusioni e a cosa queste esperienze ti hanno insegnato sulla resilienza.*

1. Qual è stata la tua più grande battuta d'arresto o il tuo fallimento nei primi anni di età adulta?

2. Quali passi specifici hai intrapreso per superare l'ostacolo?

3. Quali abilità o lezioni hai imparato superando questa sfida?

# Costruire le Tue Abilità

*Essere adulti richiede lo sviluppo di capacità utili per tutta la vita. Quali abilità importanti hai acquisito in questo periodo? Pensa sia alle competenze pratiche che alla conoscenza che ti hanno aiutato a gestire la vita in autonomia.*

1. Quale abilità importante ti ha richiesto più tempo per padroneggiare?

2. Come hai imparato da solo cose che nessuno ti aveva mai insegnato?

3. Quale istruzione formale o formazione hai seguito dopo il liceo?

# Trovare il Tuo Percorso

*Trovare un lavoro significativo spesso richiede esplorazione e speri-
mentazione. Come hai trovato la tua strada nella vita professionale?
Rifletti sul viaggio che ti ha portato a un lavoro adatto ai tuoi talenti
e interessi.*

1. Come hai scoperto cosa volevi fare professionalmente?

2. Quali carriere o percorsi hai considerato prima di trovare la tua
direzione?

3. Qual è stato il primo progetto o traguardo che ti ha dato un pro-
fondo senso di soddisfazione?

# Sostenitori Importanti

*Il successo raramente arriva senza l'aiuto di altre persone lungo il cammino. Chi ha giocato ruoli importanti nel tuo sviluppo professionale iniziale? Pensa a chi ti ha offerto guida, opportunità o incoraggiamento mentre ti affermavi.*

1. Chi è stato il tuo mentore professionale più importante e come lo hai conosciuto?

2. Quale consiglio o tecnica di un mentore ha avuto il maggiore impatto sul tuo approccio al lavoro?

3. Cosa hai fatto per ringraziare chi ti ha aiutato lungo la strada?

# I Bivii Importanti

*La prima età adulta spesso presenta scelte con conseguenze significa-*
*tive. Quali decisioni importanti hanno plasmato la direzione della*
*tua vita in questo periodo? Rifletti su come hai affrontato questi mo-*
*menti cruciali e sul loro impatto sul tuo futuro.*

1. Qual è stata la decisione più importante che hai preso nei tuoi primi vent'anni?

2. Come hai valutato le opzioni di fronte a questa grande decisione?

3. Cosa è cambiato nella tua vita subito dopo aver preso quella decisione?

# 4

# Cuori Intrecciati

*Alcune storie cambiano tutto. Raccontaci di quando hai incontrato la nonna – come è iniziato il vostro amore, come è cresciuto in una partnership e come ha creato la famiglia di cui oggi facciamo parte.*

# Il Primo Incontro

*L'inizio di una relazione importante spesso diventa un ricordo prezioso. Cosa ricordi del primo incontro con la nonna? Ripensa a quel momento iniziale e alle tue prime impressioni.*

1. Dove ti trovavi esattamente quando hai incontrato la nonna per la prima volta?

2. Cosa indossava o cosa stava facendo quando l'hai notata per la prima volta?

3. Chi ha parlato per primo e quali sono state le prime parole scambiate?

# Scoprire il Suo Mondo

*Le relazioni iniziali portano a scoprire chi è davvero una persona, oltre le prime impressioni. Pensa a come avete imparato a conoscere le vostre personalità, i vostri interessi e le vostre storie.*

1. Quali attività o interessi tu e la nonna avete scoperto di avere in comune?

2. Dove vi incontravate di solito per parlare in quei primi giorni?

3. Cosa ti ha sorpreso di più di lei man mano che la conoscevi meglio?

# Il Primo Appuntamento

*Un primo appuntamento segna spesso l'inizio ufficiale di una relazione romantica. Cosa ti colpisce di più del tuo primo vero appuntamento con la nonna? Rifletti sulle conversazioni e le emozioni che hanno accompagnato quell'occasione speciale.*

1. Dove hai portato la nonna al vostro primo vero appuntamento?

2. Ricordi di cosa avete parlato durante il primo appuntamento?

3. C'è stato qualcosa di inaspettato o particolarmente memorabile quella sera?

# Il Momento Perfetto

*Raccontaci di quel momento che ha cambiato la tua vita, quando hai capito che era il momento di fare la proposta. Quali emozioni e pensieri ti passavano per la testa mentre ti preparavi a fare quella domanda speciale?*

1. Da quanto tempo stavate insieme quando hai deciso di fare la proposta?

2. Come hai organizzato la proposta e dove è avvenuta?

3. Quali parole esatte hai usato quando le hai chiesto di sposarti?

# Il Conto alla Rovescia per Sempre

*Raccontaci l'emozione e l'attesa nel pianificare il giorno del matrimonio. Quali momenti emergono nella tua memoria mentre tu e la tua futura moglie preparavate la celebrazione che avrebbe dato inizio alla vostra vita insieme?*

1. Quanto è durato il vostro fidanzamento e chi vi ha aiutato a organizzare il matrimonio?

2. Qual è stata la sfida più grande nel preparare il grande giorno?

3. Quali decisioni avete preso insieme sulla cerimonia e i festeggiamenti?

# Il Giorno del Matrimonio

*Portaci indietro a quel giorno speciale in cui tu e la nonna vi siete detti «Sì». Quali ricordi riaffiorano quando pensi ai momenti prima, durante e dopo la cerimonia?*

1. In che data vi siete sposati e dove si è svolta la cerimonia?

2. Quali dettagli ricordi più vividamente della cerimonia stessa?

3. Dove avete passato la luna di miele e come avete festeggiato?

# La Prima Casa Insieme

*Raccontaci di come avete creato la vostra prima casa insieme. Com'è stato organizzare il vostro spazio e costruire una vita solo per voi due?*

1. Dove si trovava la vostra prima casa insieme e come l'avete trovata?

2. Come avete arredato e decorato il vostro primo posto?

3. Avevate un posto o una stanza preferita nella vostra prima casa?

## Trovare il Vostro Ritmo

*Raccontaci di come tu e la nonna vi siete adattati alla vita matrimoniale insieme. Quali sono stati i momenti memorabili nel lavorare in squadra e nel costruire le vostre routine quotidiane da novelli sposi?*

1. Di quali compiti domestici vi occupavate ciascuno di voi?

2. Quali nuove abitudini o tradizioni avete creato come novelli sposi?

3. Cosa hai scoperto della nonna che ti ha sorpreso dopo il matrimonio?

# Diventare più Forti Insieme

*Ripensa alla prima grande sfida che avete affrontato come coppia sposata. Come ha plasmato il vostro rapporto il superare questa difficoltà insieme?*

1. Qual è stata la prima grande sfida che avete affrontato insieme come coppia sposata?

2. Quali passi pratici avete intrapreso per superare questo ostacolo?

3. Come vi siete sostenuti a vicenda durante quel periodo difficile?

# 5

# Il Viaggio da Papà

*Niente trasforma la vita come diventare genitore. Com'è stato tenere in braccio il tuo primo figlio? Raccontaci delle sorprese, dei sacrifici e della gioia di vedere crescere i tuoi figli.*

# Incontrare il Tuo Primo Figlio

*Portaci al momento in cui sei diventato padre per la prima volta.*
*Quali emozioni ti hanno travolto quando hai tenuto in braccio il tuo*
*bambino per la prima volta?*

1. In che data e a che ora è nato il tuo primo figlio?

2. Cosa stava succedendo nelle ore prima della nascita?

3. Ricordi quale è stata la prima cosa che hai detto quando hai visto il
tuo bambino?

# I Primi Giorni

*Condividi i ricordi di quelle prime settimane preziose come neo-papà. Cosa ti colpisce di più dei momenti tranquilli e delle piccole avventure quotidiane mentre imparavi a prenderti cura del tuo piccolo?*

1. Quale compito legato alla cura del bambino hai trovato più difficile all'inizio?

2. Quali trucchi hai scoperto per calmare un bambino che piange?

3. Quale oggetto o strumento per neonati ti è stato più utile in quei primi giorni?

# Imparare dai Tuoi Figli

*I bambini spesso insegnano agli adulti tanto quanto gli adulti inseg-
nano a loro. Quali lezioni inaspettate hai imparato dai tuoi figli?
Pensa a come ti hanno aiutato a vedere il mondo con occhi nuovi e a
guadagnare nuove prospettive.*

1. Quale dei tuoi figli ti ha insegnato di più sulla pazienza e in che
modo?

2. Qual è stata la cosa più sorprendente che uno dei tuoi figli ti ha
insegnato?

3. Come i tuoi figli ti hanno aiutato a vedere il mondo in modo diverso?

# Giocare con i Tuoi Figli

*Il divertimento e i giochi creano legami speciali tra genitori e figli. Quali attività ti hanno portato più gioia insieme ai tuoi bambini? Riflettiamo sui momenti di gioco che hanno rafforzato il vostro legame.*

1. Quali giochi o attività facevi regolarmente con i tuoi figli?

2. Quale uscita speciale o tradizione hai creato con loro?

3. C'era una storia che i tuoi figli amavano sentirti raccontare più e più volte?

# Vederli Crescere

*Le tappe della crescita dei figli segnano capitoli importanti anche nella vita di un genitore. Quali momenti dello sviluppo dei tuoi figli ti sono rimasti più impressi? Pensa ai traguardi, alle celebrazioni e alle transizioni che ti hanno riempito di orgoglio come padre.*

1. Quale traguardo raggiunto dai tuoi figli ti ha reso più orgoglioso?

2. Come hai celebrato le tappe importanti nella vita dei tuoi figli?

3. Quale evento scolastico o performance ti è rimasto più vivido nella memoria?

# 6

# Il Valore del Lavoro

*Il lavoro non è solo ciò che facciamo, ma è anche parte di chi siamo. Raccontaci dei lavori che hai svolto, delle lezioni che hai imparato e di come il tuo impegno ha costruito una vita piena di significato.*

# I Primi Giorni di Lavoro

*Iniziare un nuovo lavoro spesso crea ricordi indimenticabili. Com'è stato quando hai iniziato il tuo primo lavoro importante? Ripensa a quei giorni iniziali e al mix di entusiasmo e incertezza che li accompagnava.*

1. Qual è stato il tuo primo lavoro significativo e come sei stato assunto?

2. Ricordi cosa hai indossato il primo giorno?

3. Quali compiti ti sono stati assegnati durante la prima settimana?

# Imparare il Mestiere

*Padroneggiare le competenze sul lavoro richiede tempo e spesso si impara dagli errori. Come hai sviluppato le tue capacità nei primi anni di lavoro? Rifletti sulle lezioni importanti e sulle persone che hanno influenzato le tue abilità professionali.*

1. Qual è stata la prima abilità importante che hai dovuto imparare sul lavoro?

2. Quale errore ti ha insegnato una lezione preziosa sulla tua professione?

3. C'erano strumenti o attrezzature che hai dovuto imparare a usare sul lavoro?

# Trovare la Tua Strada

*Molte persone provano percorsi diversi prima di trovare un lavoro davvero adatto a loro. Come hai trovato un lavoro significativo nella tua vita? Pensa al viaggio che ti ha portato a una carriera che corrispondesse alle tue capacità e ai tuoi interessi.*

1. Quanti lavori o carriere diverse hai provato prima di trovare la tua strada?

2. Quali talenti o capacità hai scoperto di avere grazie al lavoro?

3. Quando hai capito di aver trovato il lavoro o la carriera giusta?

# La Vita Quotidiana al Lavoro

*Le giornate lavorative regolari formano la struttura di una carriera. Com'era la tua giornata tipo durante gli anni principali della tua carriera? Pensa alle routine, alle sfide e alle soddisfazioni che caratterizzavano la tua esperienza lavorativa quotidiana.*

1. Com'era il tuo programma di lavoro tipico durante i tuoi anni migliori?

2. Com'era il tuo tragitto per andare al lavoro e come ci arrivavi?

3. Com'era il tuo spazio di lavoro e come lo organizzavi?

# Mentori Professionali

*La guida di colleghi esperti può fare una grande differenza in una carriera. Chi ha contribuito a plasmare il tuo sviluppo professionale? Rifletti sulle persone che hanno influenzato la tua etica lavorativa, le tue competenze e il tuo approccio alla carriera.*

1. Chi è stato il tuo mentore professionale più importante e come ti ha guidato?

2. Quale tecnica o approccio specifico ti ha insegnato qualcuno che ancora oggi apprezzi?

3. Qual è stato il miglior consiglio che un supervisore o un collega ti ha dato sul lavoro?

# Momenti di Successo

*Tutti hanno momenti professionali di cui sono particolarmente orgogliosi. Quali traguardi nella tua vita lavorativa ti hanno dato la maggiore soddisfazione? Pensa ai progetti, ai riconoscimenti o alle tappe che hanno rappresentato il tuo miglior lavoro.*

1. Qual è stato il tuo più grande risultato nella vita lavorativa?

2. Quale progetto o creazione ti rende più orgoglioso di aver completato?

3. Come hai celebrato i tuoi successi professionali più importanti?

# Sfide Professionali

*La vita lavorativa include inevitabilmente battute d'arresto e ostacoli da superare. Quali delusioni o fallimenti significativi hai affrontato nella tua carriera? Rifletti su come hai gestito queste difficoltà e su cosa ti hanno insegnato sulla resilienza.*

1. Qual è stato il tuo più grande fallimento o ostacolo professionale?

2. Come hai gestito una situazione in cui hai commesso un errore significativo sul lavoro?

3. C'è stato un momento in cui hai dovuto ricominciare o ricostruire dopo un fallimento?

# 7

# Il Pilastro della Famiglia

*Ogni famiglia ha bisogno del suo centro stabile. Rac-contaci come sei diventato il cuore della nostra famiglia – colui a cui tutti guardiamo per forza, saggezza e amore.*

# Tradizioni Familiari

*Usanze e celebrazioni regolari aiutano a creare identità e legami familiari. Quali tradizioni speciali hanno unito la tua famiglia nel corso degli anni? Pensa ai rituali significativi che hanno dato un senso di appartenenza e continuità.*

1. Quale tradizione familiare aspettavi con più entusiasmo ogni anno?

2. Cosa facevi per mantenere vive le usanze culturali o familiari più importanti?

3. Quale rito di festa o celebrazione vorresti che le generazioni future continuassero?

# Essere Presenti per gli Altri

*A volte i familiari hanno solo bisogno di qualcuno che ascolti davvero le loro preoccupazioni. Come hai sostenuto i tuoi cari nei momenti difficili? Pensa a come ti rendevi disponibile quando avevano bisogno di una guida o di un orecchio attento.*

1. Come ti rendevi accogliente e disponibile quando i familiari cercavano il tuo aiuto?

2. Quale approccio usavi quando qualcuno veniva da te con un problema?

3. C'era un familiare che veniva più spesso da te per chiedere consigli? Di cosa parlavate di solito?

# Risolvere i Problemi Familiari

*Ogni famiglia affronta sfide che richiedono soluzioni creative. Quale ruolo hai avuto nel risolvere le difficoltà familiari? Rifletti su situazioni in cui il tuo intervento o approccio ha aiutato a gestire questioni complicate.*

1. Qual è stata la più grande crisi familiare che hai aiutato a risolvere?

2. Come affrontavi i conflitti tra i membri della famiglia?

3. Ti viene in mente un momento in cui hai risolto un problema familiare in modo davvero creativo?

# Riunioni di Famiglia

*Ritrovarsi per le celebrazioni crea ricordi importanti e rafforza i legami. Cosa rendeva speciali i raduni familiari nella tua casa? Pensa alle occasioni memorabili in cui la famiglia allargata si riuniva e a cosa le rendeva significative.*

1. Quale raduno di famiglia ricordi con più affetto e perché?

2. Come ti preparavi per le grandi celebrazioni familiari?

3. C'erano giochi o attività che univano sempre la famiglia durante i raduni?

# Il Protettore della Famiglia

*Prendersi cura dei propri cari significa a volte proteggerli dai perico-li o dalle difficoltà. Come hai svolto il ruolo di protettore nella tua famiglia? Pensa ai modi in cui hai tenuto la tua famiglia al sicuro, protetta e difesa.*

1. Quando hai avuto bisogno di proteggere fisicamente un familiare da un pericolo?

2. Come hai garantito la sicurezza finanziaria della tua famiglia nei momenti difficili?

3. Quali misure hai preso per assicurarti che la casa e la famiglia restassero al sicuro?

# Sostenere i Successi

*Essere presenti per celebrare i successi dei familiari crea legami dura-
turi. Come hai partecipato ai momenti importanti della tua famiglia?
Pensa ai modi in cui hai celebrato e incoraggiato i traguardi dei tuoi
cari.*

1. Come celebravi i successi dei diversi membri della famiglia?

2. Quale traguardo familiare ti ha reso più orgoglioso come capo
famiglia?

3. Come incoraggiavi i familiari che facevano fatica a raggiungere i
loro obiettivi?

# Impronte nel Tempo

*Il segno di una vita ben vissuta si vede spesso nei valori trasmessi alle generazioni future. Quale impatto duraturo speri di lasciare alla tua famiglia?*

1. Quale valore o principio familiare speri che continui per generazioni?

2. Come hai preparato la prossima generazione a ricoprire ruoli di guida nella famiglia?

3. Quali oggetti o ricordi tangibili hai conservato per tramandarli nella famiglia?

# 8

# Amore Moltiplicato

*Dicono che diventare nonni sia una seconda occasione per un amore perfetto. Raccontaci la gioia di vedere i tuoi figli crescere i loro e del legame speciale che hai con noi.*

# Il Primo Incontro

*Il momento in cui incontri il tuo primo nipote crea un ricordo speciale. Com'è stato tenere in braccio il tuo nipote per la prima volta? Ripensa a quei primi momenti e alle emozioni che hanno accompagnato questa nuova relazione.*

1. Dove ti trovavi quando hai tenuto in braccio il tuo primo nipote e chi te l'ha passato?

2. Com'era il tuo primo nipote e a chi somigliava?

3. Cosa hai detto o fatto quando hai tenuto in braccio il tuo nipote per la prima volta?

# Un Amore Diverso

*Essere nonni offre una relazione unica con i bambini, diversa da quella di genitore. Com'è stato essere nonno rispetto a essere padre? Pensa alle gioie e alle libertà speciali che accompagnano questo ruolo.*

1. Quali attività fai con i tuoi nipoti che raramente facevi con i tuoi figli?

2. Come è cambiato il tuo approccio al tempo con i bambini da nonno?

3. Quali libertà hai come nonno che non avevi come padre?

# Raccontare le Storie di Famiglia

*I nonni spesso diventano i custodi e i narratori della storia familiare. Quali storie condividi con i tuoi nipoti? Pensa ai racconti della tua vita o della storia di famiglia che hai trasmesso alla generazione più giovane.*

1. Quale storia i tuoi nipoti ti chiedono di raccontare più spesso?

2. Quale storia familiare o esperienza personale ti assicuri che ogni nipote conosca?

3. Quale importante lezione hai cercato di insegnare attraverso i tuoi racconti?

# Vederli Crescere

*I nonni hanno il privilegio di osservare la crescita dei bambini da una prospettiva speciale. Com'è stato vedere i tuoi nipoti crescere e cambiare? Rifletti sui traguardi e sugli sviluppi che hai osservato nelle loro vite.*

1. Quale traguardo o successo di un nipote ti ha reso particolarmente orgoglioso?

2. Come documenti o registri la crescita e i successi dei tuoi nipoti?

3. Quale talento o abilità inaspettata hai notato in uno dei tuoi nipoti?

# Trasmettere le Tradizioni

*Le usanze familiari aiutano a connettere le generazioni e a creare ri-cordi duraturi. Quali tradizioni significative hai condiviso con i tuoi nipoti? Pensa a come hai aiutato a mantenere vive le pratiche famil-iari e magari a crearne di nuove.*

1. Quale tradizione di famiglia eri più entusiasta di condividere con i tuoi nipoti?

2. Quale nuova tradizione hai creato appositamente con i tuoi nipoti?

3. Come condividi il significato e la storia delle tradizioni familiari con i tuoi nipoti?

# Uscite Speciali

*Condividere esperienze crea legami unici tra nonni e nipoti. Quali avventure o attività hai vissuto con i tuoi nipoti? Pensa alle uscite speciali, alle abilità o alle tradizioni che sono diventate «la tua cosa» con la generazione più giovane.*

1. Quale attività o uscita regolare è diventata «la tua cosa» con i tuoi nipoti?

2. Quale abilità o hobby hai insegnato ai tuoi nipoti durante il tempo trascorso insieme?

3. Qual è stato il viaggio o l'attività più ambiziosa che hai intrapreso con i tuoi nipoti?

# Momenti Preziosi

*Le piccole interazioni con i nipoti spesso diventano ricordi preziosi. Quali semplici momenti con i tuoi nipoti ti hanno toccato il cuore? Rifletti sulle esperienze commoventi che catturano il rapporto speciale che condividete.*

1. Qual è stata la cosa più divertente o buffa che un nipote ha detto o fatto?

2. Quale gesto o regalo da parte di un nipote ha significato di più per te?

3. C'è una fotografia o un ricordo di un nipote che custodisci con più affetto?

# 9

# Le Passioni di un Uomo

*La vita è più che lavoro e responsabilità. Raccontaci degli hobby, delle avventure e delle piccole gioie che hanno arricchito la tua vita e le hanno dato più significato.*

# Film Preferiti

*I film possono diventare punti di riferimento significativi nella nostra vita. Quali film sono stati importanti per te nel corso degli anni? Pensa alle esperienze memorabili legate al cinema e a come i film hanno fatto parte del tuo percorso.*

1. Qual è stato il primo film che ricordi di aver visto al cinema e dove?

2. Quale attore o attrice ammiravi di più e in quali film?

3. Quale film hai guardato più volte di qualsiasi altro e perché?

# Amore per la Lettura

*I libri offrono compagnia, saggezza e una via di fuga in ogni fase della vita. Che ruolo hanno avuto i libri nella tua vita? Rifletti sulle storie e sulle idee che hanno influenzato il tuo pensiero o ti hanno regalato piacere nel corso degli anni.*

1. Quale libro ha avuto il maggiore impatto sul tuo modo di pensare o di vivere?

2. Quale personaggio letterario sentivi più vicino o ammiravi di più?

3. Come trovavi il tempo per leggere durante i tuoi anni più impegnati?

# Collezioni e Ricordi

*Raccogliere oggetti che hanno un significato speciale può diventare una passione che dura tutta la vita. Hai mai collezionato qualcosa? Pensa alle collezioni che hai costruito e alle storie legate ai tuoi pezzi preferiti.*

1. Quali oggetti specifici hai collezionato e quando hai iniziato?

2. Come esponevi o conservavi la tua collezione?

3. C'è una storia speciale dietro il tuo pezzo preferito della collezione?

# Attività all'Aperto

*Molte persone trovano pace, sfida o gioia nella natura e nelle attività all'aperto. Quali esperienze all'aperto sono state importanti nella tua vita? Rifletti sui luoghi naturali e sulle attività che ti hanno dato soddisfazione o avventura.*

1. Quale attività all'aperto ti piaceva di più?

2. Qual era il tuo luogo naturale preferito da visitare e perché?

3. Puoi raccontare la tua esperienza all'aperto più memorabile, che fosse un'avventura o un imprevisto?

# Creare con le Mani

*Lavorare con le mani per creare qualcosa di nuovo dona una soddisfazione speciale. Quali progetti manuali o artigianali ti hanno appassionato durante la tua vita? Pensa alle abilità che hai sviluppato e alla soddisfazione di creare cose tangibili.*

1. Quale hobby manuale hai dedicato più tempo a perfezionare?

2. Quali strumenti erano essenziali per il tuo lavoro o hobby?

3. Qual è il progetto di cui sei più orgoglioso?

# La Colonna Sonora della Tua Vita

*La musica spesso si intreccia con i nostri ricordi ed esperienze più significative. Che ruolo ha avuto la musica nella tua vita? Pensa alle tue canzoni, artisti o esperienze musicali preferite che hanno accompagnato il tuo viaggio.*

1. Che tipo di musica ascoltavi da giovane?

2. Suonavi qualche strumento musicale? Come l'hai imparato?

3. C'è una canzone che ti ricorda un momento o un ricordo specifico della tua vita?

# Sport e Competizione

*Le attività sportive offrono emozioni, comunità e sfide per tutta la vita. Quali sport sono stati significativi per te? Rifletti sulla tua partecipazione come giocatore o tifoso e sui momenti memorabili.*

1. Quale sport ti piaceva di più praticare e in che ruolo?

2. Quale squadra hai tifato con più passione e come è iniziato il tuo tifo?

3. Qual è stato l'evento sportivo più emozionante che hai visto dal vivo?

# Momenti di Quietudine

*Prendersi del tempo per attività solitarie offre equilibrio e rinnovamento. Quali passatempi tranquilli hai apprezzato durante la tua vita? Pensa ai modi in cui hai trovato ispirazione e serenità attraverso momenti di solitudine.*

1. Quale attività solitaria trovavi più rigenerante o significativa?

2. Qual era il tuo posto tranquillo preferito per leggere o riflettere?

3. Come riuscivi a ritagliarti del tempo per te stesso durante gli anni impegnativi con la famiglia?

# Avventure di Viaggio

*Esplorare nuovi luoghi amplia le nostre prospettive e crea ricordi indimenticabili. Quali viaggi sono stati significativi nella tua vita? Pensa alle destinazioni, alle scoperte e alle esperienze che hanno allargato i tuoi orizzonti.*

1. Qual è stato il tuo viaggio più ambizioso o avventuroso?

2. Quale luogo che hai visitato ha superato le tue aspettative e in che modo?

3. Quale imprevisto o evento durante un viaggio si è trasformato in una grande storia?

# 10

# Saggezza per il Domani

*La vita è il più grande insegnante, e ogni sfida, errore e trionfo lascia lezioni preziose per guidare il futuro. Condividi le intuizioni che hai acquisito negli anni e le speranze e i consigli che vuoi tramandare.*

# Imparare dalle Difficoltà

*Le difficoltà della vita spesso offrono le opportunità di apprendimento più potenti. Quali errori o sfide ti hanno insegnato importanti lezioni? Rifletti su esperienze difficili che alla fine hanno portato crescita e comprensione.*

1. Quale decisione vorresti più di ogni altra poter rifare e perché?

2. Quale cattiva abitudine ti è servito più tempo per superare?

3. C'è stato un errore o un giudizio sbagliato che ti ha insegnato una lezione di vita preziosa?

# Piccoli Piaceri

*La vera felicità spesso deriva dall'apprezzare le piccole gioie quotidiane. Quali piccoli piaceri ti hanno portato felicità? Pensa alle semplici gioie che hanno arricchito la tua esperienza quotidiana.*

1. Quale piccolo piacere apprezzi di più ora rispetto a quando eri più giovane?

2. Qual è il tuo posto preferito per goderti momenti di tranquillità?

3. Come ti fermavi nel caos della vita per apprezzare le piccole gioie?

# Consigli per il Futuro

*Condividere la saggezza acquisita con l'esperienza è un dono prezioso per le generazioni più giovani. Quali insegnamenti vorresti trasmettere a chi verrà dopo di te? Pensa alle intuizioni e prospettive che potrebbero arricchire la vita dei tuoi nipoti e di altri.*

1. Quali tre consigli vorresti che i tuoi nipoti ricordassero sempre?

2. Quale errore speri in particolare che i tuoi nipoti evitino?

3. Come consiglieresti ai tuoi nipoti di trovare la loro strada nella vita?

# Eredità di Famiglia

*Ogni persona è un collegamento tra le generazioni passate e future. Come hai preservato le storie e le tradizioni più importanti della famiglia? Pensa alla storia significativa che vuoi che i tuoi cari ricordino e tramandino.*

1. Come hai documentato o registrato i ricordi e la storia importante della famiglia?

2. Quale antenato vorresti che i tuoi discendenti conoscessero e perché?

3. Quali oggetti fisici o cimeli aiutano a raccontare la storia della nostra famiglia?

# Ridefinire il Successo

*Il vero successo spesso appare diverso dai comuni parametri di status o ricchezza. Come è cambiata la tua comprensione di ciò che rende una vita appagante nel corso del tempo? Rifletti su ciò che ti ha dato una soddisfazione autentica, oltre al successo materiale.*

1. Come è cambiata la tua definizione di successo durante la tua vita?

2. Quale realizzazione ti ha dato la soddisfazione più autentica?

3. Quali abitudini o pratiche quotidiane ti hanno portato il maggiore senso di scopo nella vita?

# Speranze per le Generazioni Future

*I sogni che nutriamo per coloro che seguiranno i nostri passi riflettono i nostri valori più profondi. Quali aspirazioni hai per il futuro della tua famiglia? Rifletti sulle qualità che speri arricchiscano la vita dei tuoi nipoti e dei familiari che verranno.*

1. Quale risultato specifico speri di vedere nella generazione dei tuoi nipoti?

2. Quale tratto o forza della famiglia vuoi che continui maggiormente?

3. C'è un'avventura o un'esperienza specifica che speri che le generazioni future possano vivere?

# Altre storie da raccogliere

Ogni genitore e ogni nonno custodisce un tesoro di ricordi che aspettano solo di essere condivisi. I nostri libri ricordo, splendidamente realizzati, aiutano a catturare queste preziose storie prima che il tempo le porti via.

### La nostra serie di storie di famiglia

**La storia di papà**     **La storia di mamma**     **La storia di nonno**     **La storia di nonna**

Disponibile su:

- Amazon

- Principali librerie online

Regala un dono che diventa più prezioso con il tempo – perché ogni storia di famiglia merita di essere raccontata, condivisa e custodita.

www.ingramcontent.com/pod-product-compliance
Lightning Source LLC
Chambersburg PA
CBHW051327120626
46547CB00015B/2435

*9 7 8 1 9 6 3 1 5 5 8 2 2*